SOCIÉTÉ DE GÉOGRAPHIE DE LILLE

SOUVENIRS DE 30 ANS

A CHEVAL
À TRAVERS LA TURQUIE
EN 1854

NOTES DE VOYAGE D'UN LILLOIS
Chasseur d'Afrique.

Avec Carte-Itinéraire

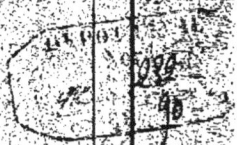

DE LAGHOUAT (Algérie) à GALLIPOLI, VARNA & SÉBASTOPOL

LILLE
IMPRIMERIE L. DANEL.

1890

SOUVENIRS DE 30 ANS

A CHEVAL
A TRAVERS LA TURQUIE
EN 1854.

NOTES DE VOYAGE D'UN LILLOIS [1]
Chasseur d'Afrique.

Avec Carte - Itinéraire.

DE LAGHOUAT (Algérie) à GALLIPOLI, VARNA & SÉBASTOPOL

Mustapha, près Alger, 9 mars 1854.

Partis de Laghouat, le 11 février 1854, nous sommes arrivés à Blidah le 24 par le plus affreux temps que j'aie vu dans ce pays.

Le vent, la neige ont failli nous faire perdre la moitié de notre effectif au passage des montagnes de l'Atlas.

Je fais partie des 4 escadrons de guerre pour la Turquie. Tout est prêt, nous attendons tous les jours l'escadre qui doit nous y conduire.

Voilà enfin les beaux jours près d'arriver.

---

(1) M. le Capitaine-Commandant Bailloeuil, alors sous-officier au 1er régiment de chasseurs d'Afrique ; l'un des héros ignorés de la célèbre charge de Solférino après laquelle il fut porté : tué à l'ennemi, et remplacé par M. Franchetti, tombé depuis au siège de Paris ; puis de celle de Gravelotte, qui, géographe à ses heures, consigna ses impressions de voyage en y ajoutant la carte de ses itinéraires ; notes qu'il a bien voulu me communiquer et que j'ai coordonnées et rédigées pour ses contemporains et nombreux amis qui liront avec intérêt ces souvenirs rétrospectifs de leur honorable et si estimé concitoyen. — A. EECKMAN.

Nous avons déjà vendu à l'avance chez un bonnetier 15,000 paires de chaussettes russes. Je laisse ma malle chez un de mes amis à Alger qui aura mon adresse pour l'envoyer, dans le cas où le régiment retournerait en France former, comme on le dit, la garde impériale. Nous sommes occupés toute la journée de ces préparatifs, j'ai très peu de temps à dépenser. La ville d'Alger nous prépare un punch d'adieu fulminant.

Mustapha, 10 *avril* 1854.

Je reçois une lettre de ma famille. Inutile de dire comment et avec quel plaisir je l'ai reçue.

C'est la dernière que je reçois probablement dans ce pays-ci.

On a commencé ce matin à embarquer 140 chevaux du 1er escadron, demain on continue par le 2e, et comme je suis du 3e, dans 4 ou 5 jours au plus tard, j'aurai commencé ma promenade sur la Méditerranée. Si mon tempérament n'a pas changé, je suis assez heureux relativement au mal de mer, mais nous naviguons malheureusement sur des petits briks marchands qui contiennent 30 chevaux au plus, ce qui veut dire que nous serons pas mal balancés. Nous sommes dirigés sur Gallipoli (Turquie), réunion générale de l'armée Française, y compris celle d'Afrique. Les premières 5 minutes que j'aurai à dépenser en débarquant me serviront à noter les détails de ma traversée, qui, selon les capitaines des navires, doit durer au plus 20 jours, et au moins 12.

Il est déjà parti d'Alger 7 bataillons d'infanterie, plus de l'artillerie, la gendarmerie, etc., etc.

Je pars avec campagnes, services, pour obtenir et gagner ce que tant de protégés ont obtenu et gagné avec le péché originel. Mais actuellement ce n'est plus la même chose. En Afrique, quand un escadron part en expédition, ils trouvent moyen de rester en garnison, aujourd'hui il faut marcher. J'en connais quelques-uns qui ont déjà la puce à l'oreille et un dérangement de corps. En toutes choses, il faut considérer la fin.

Le Maréchal des Logis C., de mon escadron, dont j'ai déjà parlé, devant aller à Cambrai, est parti depuis quelques jours emportant mon portrait qu'il doit remettre chez moi.

Je laisse à Alger, chez M. de Bordenave d'Abère, rue Bab-Azoum, café Perpignanais, ma malle contenant quelques effets, de linge, etc. objets de peu de valeur, plus mes pistolets et mon sabre d'honneur souvenir des courses. Je laisse à ce monsieur mon adresse en cas d'évènement.

C'est un honnête homme et pour moi un ami sincère, si je reste deux mois sans lui écrire, il enverra tout au pays, et puis, connaissant beaucoup de monde au régiment, il sera toujours au courant des mutations.

Si j'avais fait comme Hazard qui était en convalescence à Lille en même temps que moi, peut-être serais-je officier aujourd'hui, en permutant avec un sous-officier de France, mais franchement, je préfère avoir 2 ans de grade de moins et faire partie de cette campagne d'Orient.

Le bruit court, depuis quelques jours, que les arabes cherchent à se soulever. Qu'ils nous laissent partir avant! car la guerre d'Afrique n'est plus qu'une farce aujourd'hui.

A bord de la Conscienza, 20 *avril* 1854 (*premières notes*).

J'écris à mon frère et le préviens de mon départ, ainsi qu'à ma sœur habitant Norwich (Angleterre).

Je fus désigné comme chef d'un détachement de 28 hommes et 24 chevaux que j'embarquais sur une Goëlette de la force de 80 chevaux, le 16 avril. On leva l'ancre le 19 par un assez beau temps et je fis mes adieux à Alger, ne croyant jamais y revenir.

La Goëlette portait nom Conscienza. Le capitaine se nommait Coste; lui et son équipage étaient Génois. Ils ne connaissaient pas un mot de français, ce qui ne me paraissait pas gai pour un aussi long voyage, heureusement que je m'étais muni d'un gros paquet de feuilletons, entr'autres Joseph Bazalmo, qui me furent d'une grande utilité pendant ma traversée.

Me voilà donc en pleine mer pour la 7e fois, mettant le cap sur Gallipoli. J'avais 32 ans, 10 ans d'Afrique, 24 jours de punition ; j'espérais que l'on penserait bientôt à moi pour le grade de sous-lieutenant. J'eus le temps de réfléchir pendant cette oisiveté de 20 jours, n'étant pas sujet au mal de mer. Je tuais des Russes pour venger la retraite de 1812. Je prenais des drapeaux, des canons. J'étais arrivé assez à temps à St-Pétersbourg, pour empêcher qu'on y mît le feu, afin d'y passer tranquillement l'hiver enveloppé de fourrures ! Je dois dire que ce ne sont pas les bons dîners que je faisais à bord qui me faisaient rêver ainsi. Les approvisionnements du capitaine n'étaient pas de 1re qualité, et malheureusement, il n'était plus possible de s'en procurer d'autres Mauvais biscuit, mauvais vin, mauvais légumes. En viande fraîche, il n'y avait que 4 poulets poitrinaires à bord. Nous mangeâmes le plus gros le jour de Pâques.

On patientait en espérant arriver bientôt. Nous avions bon vent, et afin de ne pas perdre de temps, je conseillai au Génois de ne pas relâcher à Malte comme il en avait l'intention.

Je ne passai pas devant la régence de Tunis sans jeter un coup d'œil de regret en souvenir des 6 mois de séjour que j'y fis en 1846.

Nous laissâmes Malte à droite et entrâmes dans l'Archipel en doublant le cap Matapan. Nous doublâmes encore Scio Syra et fûmes forcés de jeter l'ancre à Ténédos, en face l'entrée des Dardanelles. Ici nous nous trouvons en société. Une cinquantaine de briks et voiliers de différentes formes sont en panne. Toutes ces cabanes flottantes arrivaient, soit : de France, de l'Angleterre, de l'Algérie, transportant des hommes, des bêtes, des vivres et matériel pour nourrir les uns et tuer les autres !

On correspondait avec les Anglais par des hurrahs, avec les Français en faisant sonner au trompette le refrain du régiment, on n'osait pas quitter son bord, car au premier bon vent, on mettrait à la voile immédiatement. Nous restâmes 2 jours ainsi, et enfin le 7 mai, au point du jour, cette petite flotte largua tout, et la Conscienza jeta l'ancre dans le port de Gallipoli à midi Nous n'en étions pas fâchés, et nos chevaux non plus. J'en avais perdu 1, en route, qui s'était étranglé avec son licol.

J'étais tout yeux et tout oreilles, et il y avait de quoi. A notre arrivée on tirait le canon sur terre et sur mer pour saluer le débarquement du Maréchal St-Arnaud qui arrivait en même temps que nous.

Deuxième Lettre à bord de la Conscienza, 7 mai 1854,
10 heures matin.

Mon intention était de prévenir mon frère du jour de mon embarquement à Alger ; mais, les hommes et les chevaux emballés le 19 à midi, nous ne devions mettre à la voile que le 20 au coucher du soleil, quand un bon vent nous fit partir à 10 heures du matin. J'ai le commandement et le droit de vie et de mort de 28 hommes et 24 chevaux (le mien compris). On m'a choisi de préférence à bord d'un bâtiment étranger ayant déjà fait ces voyages avec des Arabes de Tunis. On devrait bien remarquer cela quand on fait le tableau d'avancement. Mon capitaine est Génois, nous sommes collègues en ce moment. Je vis et mange avec lui, ce qui veut dire que sa cuisine ne vaut pas le diable ; heureusement que je suis exempt du mal de mer, car à terre même j'aurais mal au cœur.

Il est enragé pour le poivre, ce qui ne m'arrange pas, n'ayant que des souvenirs d'Alger ! Je n'ai pas besoin de décrire ce que sont les pays par où je suis passé. Le mauvais temps seul nous aurait fait relâcher à Malte, mais heureusement nous débarquerons, je crois, demain matin, 8 mai, à Gallipoli ! (Mer de Marmara).

Le balancement seul de ce *briquet* a occasionné la mort d'un cheval qui s'est étranglé avec son collier. Je ne comprends pas que le gouvernement fasse voyager ainsi des chevaux arabes entiers. Ils se battent dans la cale comme des enragés. Si nous étions restés là 25 ou 30 jours dont on nous menaçait, je ne sais comment tout cela aurait tourné.

Mettre des chevaux français, hongres ou des mulets, je le comprends, ils sont calmes et froids. Sur une frégate à vapeur, on en aurait mis très facilement 200 rendus immobiles. Nous l'avons fait très bien en 1846 à Tunis.

Enfin, cette traversée qui m'inquiétait plus que la guerre elle-même, touche à son terme, nous avons dépassé Métolin et nous arriverons, je crois au détroit des Dardanelles à 4 ou 5 heures du soir. Ainsi demain, à cette heure-ci ce sera réglé. Qu'il me tarde de savoir ce qui se passe sur ce théâtre que je vois déjà de loin, il y a si longtemps que je suis au courant des événements ! J'ai croisé dans la Méditerranée une quantité innombrable de bâtiments à vapeur et à voiles. Un jour j'en ai compté 61 !!!

Vis-à-vis des ruines de Troie, à l'entrée des Dardanelles, nous nous sommes trouvés avec 13 autres navires. On fait un tapage infernal de vivats et de saluts aux Anglais. Ils nous surpassent en politesse. J'aurai vu trois parties du monde en quinze jours. Cela devait arriver; je débarque juste le 7 mai!!! une heure après le maréchal Saint-Arnaud qui est parti hier pour Constantinople. Lord Cambridge a débarqué hier aussi. Nous sommes campés à une demi-lieue de Gallipoli, pour 15 ou 20 jours dit-on. Je t'écrirai cela. On voit des Anglais en habits rouges et pantalons bleus. Tout l'opposé de nous. Mon détachement est arrivé le premier de la brigade des Chasseurs d'Afrique, quoiqu'il en soit parti beaucoup avant nous.

Devant Gallipoli. — Bon ! bougre bon ! une lettre de Lille ! Ma dernière reçue à Alger est de ma sœur, la première ici de mon frère. J'espère sur la nouvelle formation. Si j'étais nommé adjudant, je ne manquerais pas de le leur dire. Il part des courriers pour la France tous les cinq jours ! Je suis de l'armée d'Orient, brigade d'Allouville. Gallipoli serait un triste pays s'il n'était pas occupé par tant de monde. La température me paraît être la même qu'en Afrique.

Je débarquai mes chevaux dans l'après-midi et je fis sans regrets mes adieux à la Conscienza que je n'ai plus revue depuis. Il ne faut pas longtemps pour juger de l'aspect d'une ville de Turquie. Ville sale, mal bâtie en bois, mal pavée, et non éclairée la nuit. Peuplée de turcs et de grecs, qui s'accordent comme chiens et chats. Voilà Gallipoli. Au premier abord le turc paraît digne de sa réputation. Il a effectivement l'air fier et sévère, mais il ne faut pas longtemps pour le comparer à une statue qui n'agit que par ressort, ou à une machine à vapeur qui n'a plus la force nécessaire pour se mouvoir. Je crois que réellement leur sang est remplacé par de l'eau tiède. Un fait qui s'est souvent présenté pendant les 5 mois que j'ai occupé la Turquie, peut donner une juste idée de cette race qui décline de plus en plus.

Ils portent, chacun selon ses ressources pécuniaires, un arsenal plus ou moins complet de pistolets, poignards, couteaux, etc, à la ceinture, et paraissent tenir crânement le haut du pavé, et toute la largeur de la rue. Dès les premiers jours je leur cédai le pas, mais je trouvais étrange qu'une nation pour laquelle nous venions de bon cœur nous faire occire, ne fût pas plus courtoise et plus polie.

Un jour que plusieurs marchaient correctement alignés, je m'arrêtai et feignant de regarder attentivement une façade, j'attendis comment ils allaient s'y prendre pour rompre l'alignement sans me déranger ; ce moyen me réussit très bien. Ils s'effacèrent sans mot dire. Encouragé par ce succès, je marchai hardiment sans dévier ; on me fit place sans se plaindre. Je fis part de ce stratagème à mes camarades, qui ne manquèrent pas de m'imiter.

A partir de ce moment, nous continuâmes ce manège. Ils s'en aperçurent très bien et continuèrent à nous laisser le passage libre sans sourciller, même après avoir été bousculés.

Dans bien d'autres circonstances encore je pus me convaincre que cette fierté et cet air dédaigneux, étaient tout bonnement de l'abrutissement.

Les grecs sont les commerçants du pays. Ils trafiquent, brocantent un peu sur tout. On les appelle les juifs du pays, mais ils n'ont pas l'intelligence du juif mercantile de l'Algérie et de Tunisie.

20 mai 1854. — Les détachements arrivent successivement d'Alger. Les uns ont relâché à Cagliari, à Malte, les autres au Pirée etc. Il

'n n'est arrivé d'accidents que pour les chevaux ; nous perdîmes en
m moyenne dans cette traversée 10 chevaux sur 100.

Chacun racontait ses impressions de navigation, et pendant long-
ej temps, on n'employait plus au bivouac que les expressions des matelots.
V Vire de bord, largue la trinquette, quand va-t-on lever l'ancre ? où
ls allons-nous mettre le cap ? Pour quel jour le branle-bas de combat, etc.
lo etc. Nous étions campés à 1 kilomètre de la ville dans un bel et bon
ej terrain dont le produit fut perdu pour cette année-là.

Un grand mouvement se faisait à Gallipoli. Des troupes d'infanterie,
io cavalerie, artillerie, munitions, matériaux, débarquaient jour et nuit,
is arrivant de l'Algérie, de France et d'Angleterre. C'était la première
il fois que je voyais les troupes anglaises. Je remarquai qu'elles agissaient
il lentement dans tous leurs mouvements, mais que la discipline était
ii mieux observée que chez nous. Sans bruit, sans murmurer, les Anglais
ie sont soumis à une obéissance aveugle, mais ils mettent trop de temps à
e exécuter un ordre donné. Une très mauvaise musique les tenait éveil-
il lés jusqu'à 2 heures du matin, mais aussi ne voyait-on pas un Anglais
b debout au bivouac avant 9 heures. On se plaignit du bruit de cette
ii musique, et elle cessa de nous casser les oreilles. A leur tour, ils se
q plaignirent d'être réveillés par les tambours et clairons. Mais on ne fit
q pas droit à leur réclamation. Je crois même qu'à dater de ce jour, ils
o cherchèrent à imiter notre vie de bivouac. J'en éprouvai un certain
i plaisir.

Arrivés avant nous en Turquie, ils furent dirigés sur Boulaïr (30 k.
o de Gallipoli) et employés à des travaux de défense de la presqu'île
i près le Golfe de Saros.

En résumé, je dois leur rendre cette justice c'est qu'ils gagnent
i beaucoup à être connus.

Quelques jours après mon arrivée, je fus désigné comme secrétaire
o d'une Commission de remonte, et me tins prêt à l'accompagner en
. Asie pour y acheter des chevaux. Ayant déjà été plusieurs fois détaché
o du régiment, soit à Tunis, Aumale, etc., pour ces sortes de missions,
o dont je m'étais bien acquitté, mais ces diverses absences avaient
i retardé mon avancement. Je réclamais au général Bosquet, et j'obtins
i de n'occuper cet emploi que pendant le séjour du régiment à Gallipoli.

Ce fut dans les meilleures conditions et avec le plus grand plaisir
i que le régiment quitta Gallipoli le 5 juin. La cavalerie sous les ordres
i du général d'Allouville, et toute la division ; Infanterie, artillerie, train,
o etc., sous le commandement du général Bosquet. Le but de notre

voyage était de marcher droit sur Silistrie pour en faire lever le siége. Le temps était admirablement beau ; nous allions commencer le voyage en Orient de Lamartine ! Les loustics s'écriaient que nous mettions le cap sur St-Pétersbourg !

A notre première étape, nous campâmes à Marlardéré. En passant devant Boulaïr, nous y vîmes les Anglais occupés à des travaux de terrassements et de défense de la presqu'île de Gallipoli.

Pendant cette journée et les suivantes, nous fûmes toujours favorisés par un très beau temps. Le pays que nous parcourions était très-boisé, et riche en agriculture. La vigne y est assez abondante et le vin conséquemment bon marché. Notre colonne étant composée de français qui traversaient le pays pour la première fois, nous eûmes l'avantage de payer les denrées à bas prix. Il n'en fut pas de même (m'a-t-on dit) pour les troupes qui vinrent après nous.

La population, moitié turcs, moitié grecs, paraissait peu disposée à nous recevoir en libérateurs. Nous n'en fûmes pas surpris.

De Gallipoli, 4 juin 1854.

Nous partons demain pour Andrinople où nous devons arriver le 15 courant.

Petit à petit Gallipoli aurait fini par arriver à la hauteur d'une sâle ville de France. Il y arrive tous les jours de nouveaux commerçants pour y trafiquer.

La 1re division est embarquée pour Varna sous le commandement de Canrobert.

Toute la journée la rade est pleine de fumée de la quantité de vapeurs arrivant ou partant Le 1er chasseurs d'Afrique est complet. Le 4e aux trois quarts. Ces deux régiments-là partent seuls demain pour Andrinople.

Le 6e dragons sera complet dans quelques jours. Le 6e cuirassiers commence à débarquer.

Les femmes grecques et turques sont admirablement belles. Les hommes très laids et sauvages. Je commence à baragouiner le turc. On dit que les femmes sont aussi belles et plus abordables à Andrinople qu'ici, nous verrons cela ! ! ! Mais qu'elles sont jolies ! ! ! Je laisse aux journaux le soin de renseigner sur ce qui se passe, car nous ne savons rien ici.

D'après les différentes revues que l'on nous a passées, soit Canrobert,

ıı se maréchal Riza-Pacha, Morris, etc., on se propose de nous remuer
ıgıvigoureusement. On m'avait désigné pour la remonte, et j'y suis resté
ıllétaché jusqu'aujourd'hui. Les chevaux de ce pays sont très petits et
eıoresque tous hongres.

ı   Quant au gibier du pays, les lièvres sont énormes, il y en a qui pèsent
ızıusqu'à 12 livres.

ı   J'ai vu le docteur Scrive, notre concitoyen, le médecin en chef de
ıs''armée; et j'ai procuré un cheval à M. Ladureau, de Lille, également
ınmédecin en chef pour la cavalerie.

ı   Nous attendons toujours des promotions qui ne viennent pas vite.

ı   Le maréchal nous appelle tous les jours ses vieux amis, il veut nous
ıısaire tuer chacun 10 Russes!!! et il commence à faire chaud comme
ııen Afrique.

D'Andrinople, 18 juin 1854.

ı   Nous sommes bien artis de Gallipoli le 5. Une grande partie des
oıroupes d'infanterie et d'artillerie française et anglaise ont été embar-
ıuquées subitement pour Varna. Le 1ᵉʳ chasseurs d'Afrique commença et
ıuouvrit la marche par terre, nous n'avons été dépassés pendant toute la
ıoroute que par une compagnie du génie réparant les chemins. Le
ıʂoays que nous venons de parcourir est parfaitement cultivé et très
oıriche, mais peu civilisé. Les Turcs le sont un peu plus que les Arabes,
ımmais guère plus.

ı   J'ai quitté Gallipoli le 5 juin, très curieux de voir l'intérieur de ce
ıʂoays. C'est dommage qu'il n'appartienne pas aux Français. La carte
oʂdonnera mieux que moi le nom des petites villes ou villages que
ıomous avons traversés nous dirigeant sur Andrinople où nous arrivâmes
ıle 12. Il y a dans chaque habitation, c'est-à-dire dans chaque occupa-
oıtion, autant de Grecs que de Turcs se détestant mutuellement le plus
oɋpossible. Je ne sais si les premiers ont toujours été ainsi, mais ils
ıısaimeraient mieux être sous la domination de Nicolas. Peut-être les frais
ıʂde la guerre y sont-ils pour quelque chose, car ils me disent tous qu'on
ızles force à payer quatre fois plus d'impôts que les Turcs. Ces derniers
ooont un peu plus civilisés que les Arabes, mais moins que les Grecs,
ıɋquoique ceux-ci soient aussi bien en retard. Quant aux femmes, elles sont
ıotoutes très jolies, mais toutes aussi sauvages. Je ne sais si elles ont été
ıımal prévenues en notre faveur, mais à l'apparition d'un Français, Grec-

que ou Turque, crierait au secours si on s'en approchait seulement de
dix pas. C'est donc un pays qui a besoin d'être refait.

Dans toutes les villes où villages où nous passons, nous voyons
les mêmes populations musulmanes et grecques. Elles font quartiers
à part et se haïssent souverainement. Malheureusement pour ces
dernières, les autres ont des droits sur elles, les accablent d'impôts et
leur coupent la tête quand elles ne paient pas assez vite, ce qui arrive
très souvent. De sorte que les Grecs ne nous détestent pas, mais aime-
raient beaucoup mieux voir les Russes que nous. Rien de remarquable
pendant la route qu'un pont de 173 arches. Si les Français étaient
maîtres d'un pays comme celui-ci, quelle belle colonie on en ferait.

— *Andrinople* ! ville immense, considérablement peuplée. Près de la
ville, une île où bivouaquèrent toutes les troupes d'infanterie. Il y a
une superbe mosquée entourée de 4 minarets qui indiquent les
4 points cardinaux et que l'on aperçoit à 20 lieues de la ville. L'intérieur est magnifique et très riche. Dans l'île se trouve une caserne
ou caravansérail turc où peuvent loger 30,000 hommes, mais de
mauvaise construction.

En entrant en ville, le 13 juin, hommes et femmes encombraient les
rues ; bon signe, le soir nous allons voir cela. Pas du tout. Le soir,
c'est-à-dire avant la nuit (car il n'y a pas de réverbères), je vois bien
des Turcs, des Grecs, des Arméniens, mais plus de femmes, elles se
cachent comme les mauresques. Si elles sortent, voilées entièrement !
Elles sont toutes très jolies, mais il faut tirer des plans pour les aper-
cevoir.

Pas une seule maison de campagne en dehors de la ville et d'aucune
de la Turquie, rues étroites, sales, mal pavées, maisons presque
toutes en bois, pas une seule sur les 15,000 qu'il y a dans la ville où l'on
puisse s'asseoir et déjeuner. Le vin, pas trop cher, vendu par les Grecs.
Les légumes verts consistent en oignons et fèves, et encore les fèves
sont-elles rares. Porcs, pas du tout. Ce qu'il y a de meilleur marché, ce
sont les oies, poules, dindes. Nous quittâmes Andrinople le 24 juin. Le
6e cuirassiers et le 6e dragons nous avaient rejoints le 22 ainsi que la
moitié du 4e chasseurs d'Afrique, le 3e régiment de zouaves, 6e de
ligne, 3e bataillon de chasseurs à pied, les tirailleurs algériens, etc.

Seconde Lettre d'Andrinople, 20 juin 1854.

Pour les Musulmans, nous étions des chrétiens qu'on leur apprend à
exécrer en naissant. Les Grecs professant la même religion que l'ennemi

que nous allions combattre, ne dissimulaient pas leur désir de nous voir exterminés par les Russes, préférant leur domination à celle du Sultan.

Les mœurs du Turc diffèrent bien peu de l'Arabe. Le Musulman est le même partout. Despote sur tout ce qui l'entoure, il est paresseux, sobre, avare, se privant du nécessaire, soit pour augmenter son sérail, ou se procurer les moyens de faire un voyage à la Mecque. Il faut cependant lui rendre cette justice, c'est qu'il est moins rampant et ne mendie pas comme l'Arabe. Assis et fumant son chibouq, sur un tréteau de quelques mètres au-dessus du sol, il fait piocher, labourer et récolter ses femmes et enfants, qui ne se dérangent du travail que pour lui porter du feu pour allumer sa pipe.

Il va sans dire que la vigne n'est travaillée que par les Grecs. Ils produisent aussi une affreuse liqueur appelée *mastic*. Cet alcool peu coûteux a été cause que bien des soldats ont manqué à leurs devoirs.

Malgré la froideur de l'accueil de la population, l'entrain, la gaîté, régnaient dans toute la colonne.

Les vieux refrains traditionnels d'Afrique se répétaient en route et au bivouac jusqu'à 10 heures du soir, et c'est dans cette disposition d'esprit que nous étions arrivés à Andrinople, après avoir bivouaqué le :

5 juin, à Marlardéré ;

6, à Kavak, où nous prîmes des bains dans le golfe ;

7, à Kaban ;

8, à Karabounar ;

9, à Keschau ;

10, à Kadikéeuï ;

11, à Ouzounkiupri ;

Je crois que c'est vers Ouzounkiupri que nous avons traversé un pont de 173 arches, construit, je suppose, sur un marais, ou torrent desséché car alors tout était à sec. Des sculpteurs improvisés ont gravé sur le pont un souvenir de notre passage

12, à Etchelikéuï ; et enfin le 13, à Andrinople.

Cette ville, ancienne capitale de la Turquie, paraît superbe à une grande distance. On est bien désillusionné en y entrant. En effet, ses minarets, ses plaines fertiles et l'île du Sérail boisée, qui l'avoisinent, représentent de loin un coup d'œil ravissant. Une seule rue, mal pavée, et non balayée, la traverse dans toute sa longueur. Le mois du Ramadan venait de commencer à notre arrivée. Ce carême des Musulmans tenait la ville animée jour et nuit. Dans tout autre temps, la vie doit y être insupportable. Pas d'hôtels propres, quelques mauvais gargotiers, pas de théâtres, pas de circulation possible la nuit, la ville n'étant éclairée en aucune saison.

En outre, après le coucher du soleil, on est exposé à être assommé par un homme ou mordu par un chien.

Campés à un kilomètre d'Andrinople, nous y restâmes dix jours, et ce fut sans regret que nous quittâmes cette ancienne capitale, jadis théâtre des exploits de nos aïeux du Nord, avec Baudouin, comte de Flandre et Empereur de Constantinople, qui y perdit la vie et personne, je crois, n'a jamais désiré la revoir.

Espérant toujours arriver à temps à Silistrie, nous campâmes le :

24, à Takli-Mussiok ;

25, à Karabounar-Tchiflick ;

26, à Youmour-Faki :

27, à Karabounar ;

28, à Kénéré.

29, à Aïdos.

Cette petite ville me parut plus animée et plus gaie que les autres. Les habitants me parurent aussi plus affables. Pour aller d'Aïdos à Varna, nous traversâmes les Balkans, forêt immense, impénétrable. Une seule route de la largeur de dix mètres au plus la traverse. Je ne sais trop comment on peut y passer en hiver. Lorsqu'un araba (voitures du pays) était renversé, impossible de circuler.

Nous vîmes des traces de campement de l'armée russe de 1828. Il nous a semblé qu'il aurait fallu bien peu de monde pour empêcher une armée de franchir cette barrière dans laquelle on ne distingue rien à dix pas de soi sur une étendue de vingt lieues. Mais je me déclare incompétent pour les dispositions à prendre en pareil cas ; je passe et je ne regarde pas derrière moi.

Le 30, nous apprenons, hélas ! que les Russes ont levé le siège de Silistrie et on nous dirige sur Varna, en nous arrêtant le :

1er juillet, à Kapérani ;

2, à Aïvadjick ;

3, à Kamtchikdéré :

— Arrivée à Varna le 4 juillet. Les villages et villes que nous avons vus en route se ressemblent beaucoup, mais il n'y en a pas tant. Les volailles et le vin, pas cher, mais les trois derniers jours plus de vin et de cidre, bien médiocre. En-deçà et au-delà des Balkans, forêts vierges immenses car on marche près de 20 lieues dans les bois. Voilà donc la Mer entière, des bâtiments, de la fumée ; nous revoyons les Anglais et ce que nous n'avions pas encore vu, les Écossais, très bien et richement vêtus, mais un peu indécemment : veste à pans, rouge bordée de blanc, grand bonnet en plumes d'autruches , jambes jusqu'aux genoux, enveloppées de rubans et carreaux rouges et blancs , petite jupe verte à carreaux jusqu'au milieu des cuisses seulement , le reste entièrement nu.

— Varna 4 juillet 1854. On nous fit camper à 5 kilomètres de la ville, en traversant le camp des Anglais, déjà installés depuis quelque temps. Pour quiconque a fait campagne , on doit se rappeler combien il est fatiguant d'assister à une installation de bivouac où l'on doit séjourner lorsqu'on est éloigné des magasins de vivres et ravitalliement.

On ne s'aperçoit guère que la journée avait été très fatiguante. L'esprit est trop préoccupé de ce tableau tout nouveau pour nous. Le silence commença à régner au bivouac que vers minuit.

Le 5. — A trois heures, nous recevons l'ordre de nous tenir prêts à passer une revue à huit heures. C'est pour nous présenter à Omer-docha ! Rien de plus intéressant et d'imposant à voir que cette réunion de Turcs, Anglais et Français de toutes armes. On ne reverra pas de sitôt , je crois, un tel mélange d'uniformes que cette escorte du maréchal St-Arnaud.

Omer-Pacha a été gracieux pour tout le monde. Saluant tous les officiers individuellement, voire même les sous-officiers et soldats décorés de la médaille militaire. C'est aussi la première fois que je vis le prince Napoléon défilant en tête de sa division.

Rentré à jeun et harassé à cinq heures du soir au camp, j'étais enchanté de tout ce que j'avais vu dans ma journée, mais avec une sérieuse envie de casser un morceau de biscuit.

Rien de splendide comme cette revue. Sur un haut plateau donnant vue sur le port et sur la Mer-Noire, 50,000 hommes alignés. L'état-major du maréchal composé d'officiers généraux anglais, turcs et français de terre et de mer, le prince Napoléon commandant aussi une division.

Omer-Pacha a une figure très militaire et expressive , contrairement à tous les pachas du pays, qui sont tous gros et endormis.

Il nous a dit en passant devant nous et en français « qu'avec une cavalerie comme la nôtre, on pouvait se passer d'artillerie »; il a salué individuellement tous les officiers et a serré la main à tous les capitaines.

Au défilé, chaque bataillon ou escadron criait : Vivent l'Angleterre e la Turquie, et les princes et généraux anglais criaient aussi fort et aussi vite que nous : Vive la France et les chasseurs d'Afrique !

C'est incroyable la réputation de notre régiment. Toute la journée, le bivouac est plein d'officiers anglais, qui sont en admiration devant nos chevaux. Lord Ragland avec le colonel a voulu tout voir en détail, e dit qu'il ne comprend pas que l'on soit arrivé avec des chevaux si bien portants après une route de 100 lieues. Il a ensuite ajouté que S. M. la reine Victoria paierait de son poids d'or un régiment comme celui-là. Cependant j'ai vu les dragons de la reine, ils sont autrement habillés que nous. Les simples cavaliers sont plus richement habillés que nos officiers.

Aujourd'hui 10 juillet, les cuirassiers et dragons viennent d'arriver d'Andrinople. Dans cinq ou six jours, l'armée doit s'élever à cent milli hommes. Pas de maladie nulle part qu'un peu chez les Anglais. A A régiment, pas un malade depuis Alger.

Des bruits courent que nous partons dans quelques jours pour Silistrie. Il est assez drôle qu'étant si près des évènements, nous ne sachions pas au juste par où l'on va commencer. Les Turcs, tant cavalerie, artillerie et infanterie, sont en général mal vêtus et mal montés, et me paraissent mal disciplinés. Il en arrive tous les jours, les Russes ayant repassé le Danube et évacuant sensiblement, ceux-ci viennent se *retremper* ici.

Ils traînaient à la remorque quelques pièces de canons russes, toutes couvertes de sang figé, ils sont campés à côté de nous. On a acheté des chevaux aussi pour le 1ᵉʳ hussards, ils auront du mal d'être bien montés, les chevaux sont trop petits. On prend des sous-officiers volontaires pour sous-lieutenants indigènes, dans les régiments que le général Ysuf organise.

On m'a offert d'y entrer comme lieutenant, j'ai refusé ; ce sont des pouilleux, et puis la guerre finie, ces régiments-là licenciés et avec deux ou trois ans de grade de lieutenant, je rentrerais dans un régiment de cavalerie comme maréchal-des-logis. J'ai la parole d'honneur du colonel que le premier adjudant qui passe officier je le remplace, ce qui veut dire que dans dix-huit mois au plus tard, je serai sous-lieutenant. (Un de nos intimes du régiment, nommé Reilhac, est passé aux cuirassiers à St-Omer, il doit embarquer demain ou après. C'est un brave garçon plein d'instruction).

P. S. Le service des dépêches et des postes est lent, mais il se fait aussi exactement qu'en France.

On nous dit que les Russes évacuent les principautés et demandent paix.

M. le Docteur Ladureau a toujours voyagé avec nous, mais je n'ose lui rendre visite avant qu'il sache qui je suis.

Des bruits de paix circulent toujours. Cependant on parle aussi d'une recrudescence en Crimée plutôt qu'au Danube. Les Russes évacuent. Je voudrais cependant les voir, quand ce ne serait que pour savoir comment ils s'en tirent. Il fait toujours très chaud, et, temps orageux souvent. L'eau de la Mer Noire n'est pas aussi salée que celle de la Méditerranée. J'y prends des bains très souvent.

6 juillet. — Nous voilà donc définitivement bivouaqués à cinq kilomètres de Varna. Je vais de temps en temps en ville, soit pour le service, soit pour m'y promener. Il n'y a rien de bien curieux à visiter. Varna est bien fortifié et a un beau port. Une redoute bien établie couronne la ville. Tous ces travaux de défense sont, dit-on, de la main des Russes. L'intérieur est aussi mal entretenu et aussi malpropre que toutes les villes de l'Empire ottoman. Heureusement que ceux qu'on y rencontre le moins ce sont des Turcs. La vie de campagne au bivouac à Varna est absolument la même qu'en Afrique. Le service est un peu plus fatigant en raison des distances à parcourir, soit pour les distributions, abreuvoirs, etc.

7 juillet. — Une bonne nouvelle vient de se confirmer. Ce sont les nominations de cinq sous-officiers du régiment, promus sous-lieutenants. On fait un nouveau tableau d'avancement, j'y suis enfin porté; j'espère donc être officier à la fin de cette campagne, si j'en reviens.

De l'ennui au découragement, il n'y a que très peu d'intervalle. C'est ce qui arrive toujours dans un camp et beaucoup plus vite qu'en garnison. Indépendamment du peu de ressources que les environs de Varna pouvaient nous procurer, soit en denrées et en distractions, nous étions, en outre, éclairés par un soleil dont nous avions bien à nous plaindre quoiqu'y étant cependant habitués depuis longtemps. Les Africains étant les moins nombreux dans cette réunion d'au moins 100,000 hommes, on doit comprendre si les troupes anglaises et nos régiments de France avaient bien plus à souffrir de cette chaleur insupportable

2

accompagnée d'un vent qui faisait mal aux yeux des hommes et des chevaux des trois armées réunies. Les fontaines ne fournissaient plus que
de l'eau sale. Il y avait bien de l'eau claire et bonne mais la rivière se
trouvait à trois heures du bivouac, et, faisant deux voyages par jour,
c'était donc pour tous les cavaliers douze kilomètres par jour en sus du
service journalier. Les plaintes, les murmures plus ou moins fondés
circulaient partout à peu près dans ces termes :

« Est-ce que nous sommes pour longtemps ici ? Que va-t-on faire ?
L'ennemi est à deux cents lieues ; si on ne se met en mouvement pour
l'atteindre, il nous sait trop bien installés pour venir nous inquiéter ?
Le climat et les privations lui permettront d'économiser sa poudre
et les frais de déplacement ! » Je m'ennuyais assurément comme tout
le monde, et j'avais, en outre, le désagrément d'avoir été choisi comme
chef de popote, fonctions que je remplissais déjà à Tunis et en Algérie.
Il est nécessaire à ce sujet de savoir ce que c'est qu'un chef de popote.

— Je ne sais ce qui se passe dans l'infanterie, mais dans la
cavalerie, les officiers et les sous-officiers ont chacun, en ce qui les
concerne, un convive de leur cercle chargé de pourvoir à leur nourriture pendant toute la durée de la campagne. Celui à qui on a donné
cette confiance prend le titre de chef de popote. Dans nos expéditions
d'Afrique, cette mission, toujours très désagréable, offrait cependant
beaucoup moins de difficultés qu'ici. On s'approvisionnait par routine
au départ et la variété des denrées était assez bornée. Elle consistait en
légumes secs, café, sucre et tous les accessoires d'une cuisine. Notre
matériel (en fer battu) était au complet, et l'on nous donnait un cheval
conduit par un homme à pied. Ce cheval (de bât) avait reçu sur son dos
tout ce qui était nécessaire à l'existence de huit sous-officiers, y compris
les ustensiles pour faire cuire et assaisonner ce susdit nécessaire. Ce
pauvre animal était constamment l'objet de notre surveillance, étant
dépositaire de notre nourriture. Toujours plus chargé qu'aucun cheval
de la colonne, avec quelle inquiétude lui voyait-on passer les mauvais
chemins et surtout les rivières dans lesquelles il leur plaît assez souvent
de prendre un bain en passant, histoire de se soulager ! Le pauvre
diable ne faisait ainsi que doubler le poids des marchandises, plus la
réprimande à coups de trique ! Songez donc au déchet des provisions de
sucre, tabac, macaroni, etc. Voilà pour l'Algérie.

Pour la guerre d'Orient, nous fûmes privés de ce moyen de transport
et malgré mon opposition, la majorité des convives décida la mise en
vente de tout ce matériel, qui fut tant regretté depuis. En effet, réunis

SOUVENIRS DE 30 ANS

A CHEVAL

A TRAVERS LA TURQUIE

EN 1854.

NOTES DE VOYAGE D'UN LILLOIS

Chasseur d'Afrique.

Avec Carte-Itinéraire.

DE LAGHOUAT (Algérie) à GALLIPOLI, VARNA & SÉBASTOPOL

LILLE,

IMPRIMERIE L. DANEL.

1890

à Gallipoli et campés comme en Afrique, nous n'avions pour batterie de cuisine, que chacun notre cuiller et notre fourchette ! Mes camarades s'aperçurent seulement alors que, dans toutes les parties du monde, il est urgent de faire au moins un repas par jour, et qu'on ne trouve pas facilement le nombre d'hôteliers ou restaurateurs pour tenir prêts deux fois par jour, le contenu et le contenant de trois plats et le dessert, pour 2 ou 300,000 hommes ! Je fus donc de nouveau et sans ballottage nommé chef de popote !

Parti d'Alger en possession d'un vocabulaire franco-turc, je me vis, dès Gallipoli, parcourant les bazars, les marchés et marchands pour me procurer un matériel complet de cuisine. En quelques jours, je fus à la hauteur de mes fonctions de maître d'hôtel ! Vaisselle et couverts, le tout en fer blanc, c'est vrai, mais on ne se plaignit pas de la nourriture ; de Gallipoli à Varna, les Grecs nous vendirent un petit vin à si bas prix que nos appointements nous permirent d'en boire à tous les repas ! Nous eûmes aussi, pendant notre voyage, de la volaille, des œufs et des fruits à bon marché ! Tous ces beaux jours et ces bons repas, cette gaîté, ce sans-souci touchèrent à leur fin dès notre arrivée à Varna, de triste mémoire.

Ces milliers d'Anglais, cousus d'or, ne se privant de rien, payant tout sans marchander, firent augmenter considérablement le prix des denrées et des objets de première nécessité. Le nombre des marchands et marchandises devint insuffisant pour alimenter ces nombreux corps d'armée qui arrivaient tous les jours. Nous en fûmes réduits à nos vivres de campagne et encore plus souvent au biscuit, au pain et à l'eau tiède malpropre. J'étais donc bien à plaindre dans mes fonctions de chef de popote. Quand on avait fini de maudire les Anglais, les Turcs, les Grecs avec tous les officiers généraux et Intendants français, le chef de popote recevait les derniers compliments. Très sensible aux reproches et si la campagne n'était pas du goût de tout le monde, je partais à la cuisine et en deux ou trois coups de pied dans le flanc des gamelles ou marmites, je faisais sauter en l'air les quelques baguettes de macaroni ou les petits et peu nombreux grains de lentilles que je faisais cuire en rechignant.

Je ne veux pas finir ce chapitre des victuailles sans laisser un dernier souvenir à mon fromage dit de Hollande ou tête de mort. Ce fromage, à la forme d'un boulet de 24, avait été acheté à Gallipoli avec mes premières acquisitions. Pour l'entamer, je commençai à enlever le dessus, et chacun puisait alternativement dans l'intérieur. Aussi fut-ce l'affaire de huit jours pour le vider.

Cependant, en ayant conservé l'enveloppe soigneusement, je persistais à le servir à chaque repas comme plat de dessert. Cette enveloppe, réduite à l'épaisseur d'un parchemin, a ainsi tenu lieu de dessert pendant quatre mois, et aurait certainement fini la campagne, si, un jour, un sous-officier anglais, invité à dîner par nous, ne s'était assis dessus ! Tout le monde se rappelle qu'il était salué à tous les desserts de Varna par ce refrain resté à tous les fromages qui lui ont succédé :

« Morbleu, voilà de l'excellent fromage.
Celui qui l'a fait est du village.
Corbleu, voilà du bon fromage au lait ;
Il est du village de celui qui l'a fait. »

— Varna : Août 1854. Nous arrivons au moment le plus triste et le plus douloureux de notre long séjour dans cette ville.

Le choléra commence ses ravages. Français, Anglais, Turcs, il fait des victimes partout. Les premières du régiment sont prises dans le 4e escadron, puis dans les quatre en même temps. On change de place, on brûle des fagots, des arbres toutes les nuits. On emploie tous les moyens pour assainir le climat empoisonné. On cherche à relever le moral de la troupe complètement découragée. La nuit et le jour, on entend les plaintes des moribonds. Les cacolets sont au bivouac en permanence pour transporter les malheureux à l'hôpital, qui se trouve à cinq kilomètres de nous. A ma connaissance, pas un seul des transportés n'en est revenu, et la plupart même rendaient le dernier soupir pendant le trajet !

On passe des revues, on improvise des carrousels. Chacun fait des efforts pour détruire et soutenir les plus démoralisés. J'ai encore sous les yeux la nomenclature des prix décernés aux vainqueurs de courses, tours de force ou d'adresse, dans un hippodrome improvisé au régiment et dont le général d'Allouville fit les frais :

1er Prix : 3 ceintures rouges.
2e   »   2 pains de sucre.
3e   »   3 kilos de café.
4e   »   Jambon.
5e   »   1/2 mouton.

6° Prix :   3 francs de citrons.
7°   »   3 francs de cirage.
8°   »   1 oie.
9°   »   Babouches.
10° »   2 francs de savon.

On nous annonce enfin une bonne nouvelle. Un corps d'armée va se mettre en mouvement sur la Dobrutscha. Nous allons donc changer de place ? tant mieux. Mais hélas, les Bachi-Bouzougs étant organisés, on n'a pas besoin de nous. Ils sont propres, leurs Bachi-Bouzougs, en voilà une troupe !

Sont-ils montés sur des chevaux ou des bourriquots ? Sont-ils assis sur des selles ou des paillassons ? Tout est bon pour eux. Nous avons appris depuis, qu'ils étaient aussi mauvais soldats qu'ils en avaient l'air. Hommes et chevaux vêtus et harnachés à la Bohême ; un fragment de ceinture rouge en guise de turban distinguait les Bachi-Bouzougs enrégimentés de ceux qui continuaient à piller et marauder pour leur propre compte. La division Espinasse et les Bachi-Bouzougs Yusuf ne tinrent pas campagne longtemps. Poursuivis et décimés par le terrible choléra, cette division vint reprendre son campement sur les hauts plateaux de Varna, les Bachi-Bouzougs restant dans la plaine, puis quelques jours plus tard licenciés, livrés à eux-mêmes, ces malheureux se dispersèrent par bandes, laissant derrière eux des cholériques sans sépultures et des chevaux morts embarrassant les routes et empoisonnant le camp à deux lieues à la ronde. La situation ne changeait pas. Le choléra saisisait toujours ses ravages. Je fus un jour à l'hôpital témoin d'un spectacle qui ne s'effacera jamais de ma mémoire.

Dans une salle immense pouvant contenir 80 à 100 soldats. Des malades... (moribonds, plutôt) sont étendus sur des sacs de campement bourrés de paille. Chaque malade conserve son uniforme. Il a son livret et son billet d'hôpital sur la poitrine. Le médecin passe sa visite... Cette visite consiste à signaler aux convoyeurs le nombre de victimes à mettre en voiture et conduire à leur dernière demeure ! Ces malheureux, par centaines, toujours en uniforme, sont mis en tas dans ces fourgons et enterrés ensemble dans des fosses immenses et dans lesquelles on a mis de la chaux vive ! Ces transports devaient se faire rapidement, car le nombre de voitures était insuffisant pour la correspondance des sortants et des entrants !! Il arrivait souvent, et surtout au retour de la Dobrutscha, que, parmi les arrivants, la plus grande partie était transportée au cimetière sans descendre de voiture !

— Varna, 10 août. — On manque de médicaments. Les médecins ne sont pas exempts de ce terrible fléau. Les infirmiers sont décimés. C'est dans ces moments sublimes que l'on admire le dévouement de la Sœur de charité ! Il est à craindre que les convoyeurs, voire même les fossoyeurs viennent à manquer ! Qu'allons-nous devenir ? C'est la question que tout le monde s'adresse !

Comme mesure sanitaire, et afin de ne pas étendre cette épidémie en Europe, on interdit les embarquements pour France. Lorsque je me présente chez les marchands pour m'approvisionner, je les trouve dans un état d'abrutissement complet, me vendant leurs marchandises au prix qui me convient.

Je suis tous les jours de plus en plus étonné de la réputation de mon régiment. Serait-ce le maréchal St-Arnaud qui, connaissant le régiment depuis longtemps, nous aurait flattés auprès des Anglais ! Serait-ce l'élégance, la vigueur et la fierté de nos chevaux arabes, qui enthousiasmèrent les Anglais, grands amateurs de chevaux, et ne connaissant pas la race des nôtres. Toujours est-il que Lord Ragland lui-même est venu avant-hier, seul, sans escorte, prier notre colonel de lui laisser la liberté de visiter notre bivouac en détail. Il regarda homme par homme, cheval par cheval, il fut étonné qu'après un tel voyage il y eut si peu de malades. Il admira tout, et entr'autres compliments qu'il nous fit, je lui entendis dire de mes propres oreilles que : S. M. la reine Victoria donnerait son poids d'or pour voir un pareil régiment quand il lui en aurait donné les motifs de sa satisfaction.

Ensuite il ajouta que nous étions le premier régiment du monde, de ce monde-ci bien entendu ; car, quant à moi, tout en espérant être bien reçu dans l'autre, je ne tiens pas à y arriver le premier. Je n'ai aucune inquiétude à ce sujet et ne suis pas de l'avis de Napoléon Ier pour qui son boulet n'était pas fondu ; je prétends, moi, que la mine du mien n'est pas découverte.

Je trouve que la langue anglaise est plus difficile à la prononciation que le Turc, l'Arabe et l'Italien, il est vrai qu'il y a peu de temps que je puis m'en occuper.

J'ai reçu hier une lettre de mon frère et une annexe, plutôt en anglais qu'en français. Il me croit déjà trop avancé dans la langue; pourquoi me donner ces grandes phrases où je ne puis faire la comparaison des mots ? Donnez-moi des prépositions, des pronoms, quelques chiffres, les infinitifs des principaux verbes tels que : avoir, être, donner, voir, savoir, vouloir, désirer, aimer, acheter, vendre, venir, et alors je comprendrai. Il me promet une lettre du 25, nous verrons cela !

Je ne sais ce qui en est cause, mais les Anglais ont plus de malades que les Français. Quant au régiment, nous n'en avons aucun depuis Alger.

Les Anglais en général sont d'une propreté remarquable, ils surpassent les Français. Il est vrai cependant qu'ils n'ont pas encore voyagé par terre. J'ai vu le régiment des dragons de la reine. Ce régiment est admirable de beauté et de tenue. Je crains toutefois que pendant une longue campagne, tous ces effets de luxe leur soient à charge dans des marches forcées, à cause du manque de moyens de transports. Mais en garnison, il n'y a pas en France de régiments aussi richement habillés. Pour en revenir à ce que je disais, que les compliments de lord Ragland viennent de la réputation que nous a faite le maréchal, l'opinion générale est que, sous le rapport de la bravoure, les deux armées se valent, mais que l'armée française marchera plus vite et supportera les fatigues plus longtemps. La tenue anglaise qui m'a le plus frappé et étonné, ce sont les Ecossais. *Scott*. Très jolie tenue, assez légère, très bonne pour la circonstance, mais passablement indécente en garnison et il ne me reste plus que deux choses à dire à ce sujet : c'est que les anglais en général surpassent les français pour les libations alcooliques. Ensuite que je voudrais être chargé de remettre une lettre à n'importe quel officier anglais pour me faciliter une liaison quelconque, car chasseur d'Afrique j'ai la conviction d'être parfaitement bien reçu partout.

— Varna, 16 août 1854. — J'ai oublié de dire que de toute l'armée d'Orient, mon régiment est le premier qui soit arrivé à Varna par terre, et voyageant seul sans infanterie, nous excitons plutôt la curiosité. Andrinople que nous avons vue est une ville immensément grande. A notre arrivée, par extraordinaire, toute la ville hommes et femmes interceptait pour ainsi dire notre passage dans les rues par curiosité.

J'y suis resté douze jours, sans cesse il arrivait de nouvelles troupes campées près de la ville, les femmes grecques et turques n'avaient plus la permission de les voir passer, cependant elles virent arriver tout de même le 6ᵉ cuirassiers et le 6ᵉ dragons. A la nuit, on n'y peut circuler en ville, elle n'est pas éclairée, rues étroites, mal pavées. On a célébré dans l'île une messe militaire où assistèrent 15,000 hommes, un général espagnol nommé Prim et toutes les dames grecques catholiques. C'était admirable. Enfin, ce qui m'a le plus amusé et distrait à Andrinople, devinez ! une lettre d'Angleterre, le 18 !!!

Parti le 24 juin, le 1ᵉʳ chasseurs d'Afrique seul et le premier de toutes les troupes il se dirigea sur Aïdos où il fit séjour le 30, traversa des forêts vierges immenses, passa les Balkans et arriva ici le 4 juillet, ce qui fait à peu près 100 lieues de Gallipoli. Calculez un peu le chemin que j'ai déjà fait cette année 1854, sachant que je suis parti d'Alger pour Laghouat le 26 janvier.

Ah ! j'ai oublié de dire que tous les Anglais en général et une partie des troupes françaises sont partis de Gallipoli pour Varna par mer, ce qui veut dire qu'il y a un mois que je n'ai pas vu les premiers. Le 5, nous passâmes la revue (l'armée française seulement et nous seuls de cavalerie) du maréchal Omer-Pacha, lord Cambridge, lord Ragland, etc. etc.

Omer-Pacha paraît remplir toutes les conditions d'un général courageux et hardi. Au contraire tous ceux que j'ai vus jusqu'aujourd'hui dans l'armée turque me paraissent non-seulement inférieurs, mais incapables d'entreprendre et de soutenir une campagne.

Au défilé de cette grande revue pas un bataillon ni escadron ne passa devant ce nombreux état-major (composé en partie de généraux et d'officiers supérieurs anglais de terre et de mer) sans répéter ces vivats d'usage aujourd'hui : Vive l'Angleterre ! Vive la Turquie ! cette dernière par politique. Et l'état-major de répéter chaque fois en chœur : Vive la France !

Des bruits courent au camp que nous partons très prochainement pour Silistrie. On disait dernièrement qu'on nous embarquerait pour la Crimée. Ce qu'il y a de sûr, c'est que tout compris il y a environ cent mille hommes ici et que l'on ne peut nous laisser longtemps dans l'inaction. Je n'ai pas encore dit qu'il arrivait très souvent des troupes turques venant du Danube avec quelques pièces de canon encore toutes teintes de sang russe. Tous les turcs sont mal habillés, mal montés, et ne paraissent pas très bien disciplinés. Si ces gens-là battent les Russes, ces derniers n'ont pas tort de rentrer chez eux le plus tôt possible et de nous faire dire qu'ils ne le feront plus.

Nous sommes campés à une lieue de la ville, sur une hauteur, de sorte que nous voyons la mer comme à Alger et à Gallipoli.

Une bonne nouvelle désennuye. Les Russes évacuent les principautés, on parle beaucoup de la paix.

Il y a plus d'un mois que nous sommes à Varna, et nous n'avons aucun ordre de départ. Les trois premières divisions sont parties depuis une dizaine de jours. Un escadron du 1ᵉʳ hussards (montés avec les chevaux du pays) par division, sont allés personne ne sait où. Le 1ᵉʳ de zouaves seul a embarqué, et le colonel même ne connaissait pas le but de la traversée. Nous avons passé une revue et manœuvré (les 1ᵉʳ et 2ᵉ chasseurs, 6ᵉ cuirassiers, 6ᵉ dragons, campés sur le même carré, depuis bientôt un mois) devant des officiers généraux circassiens, qui, selon les bruits qui courent, s'engagent à entretenir 30,000 français chez eux. Nous ferions partie de cette colonne.

Le maréchal nous passa la revue dimanche dernier. Il ne cesse de nous faire des compliments sur notre tenue et notre santé (hommes et chevaux). Les Cuirassiers et Dragons sont moins heureux que nous, ils ont beaucoup de malades et quelques décès. Le maréchal est parti le même soir à 10 heures pour Constantinople et doit revenir demain.

Maintenant, voici les nouvelles selon les bruits des camps, plus les suppositions : Les Bachi-Bouzougs auraient reçu une brûlée par des Cosaques.

Ils se seraient mal conduits, un officier français aurait été blessé de sept coups de lance, il n'aurait dû son salut qu'au dévouement de quelques collègues. Le général Yusuf, furieux, aurait demandé au maréchal que l'on fît aux Bachi-Bouzougs ce que l'on a fait aux janissaires, en ayant soin de conserver les chevaux. Le maréchal serait allé à Stamboul pour arranger tout cela. On ajoute cependant que cet échec n'est pas grave, notre départ pour la Circassie serait prochain. Ce qui me le fait croire, c'est que depuis avant-hier matin quoiqu'à une lieue de la Mer Noire, j'ai vu de ma tente qui se trouve sur une hauteur, j'ai vu, dis-je, et vois encore en ce moment passer une quantité de bâtiments de toute espèce, chargés probablement de troupes et de matériaux pour le siége de Sébastopol, et, ayant laissé partir trois divisions par terre sans cavalerie, je suppose que nous embarquerons de nouveau et selon moi vers Anapa.

Je n'ai reçu de lettre de personne à Varna. Je suis sans inquiétude, car il arrive quelquefois trois courriers en deux jours, et on est aussi dix jours sans en avoir.

Généralement tout le monde s'ennuie de rester à rien faire, nous préférons la garnison d'Alger à celle-ci, si c'est pour changer de garnison qu'on nous a fait faire cette courte promenade.

8 août. Un courrier part ce soir pour France et celui arrivé hier ne m'a apporté aucune lettre. Je crains que les nombreuses maladies ne donnent des inquiétudes à Lille parmi les miens.

Les trois divisions dont je parlais viennent de rentrer, ils n'ont vu que des cadavres russes, tués précédemment. On fait toujours de grands préparatifs pour la Crimée, mais personne n'y est encore.

Lettre de Bourgas, 8 Septembre 1854.

Les armées alliées ont passé de bien mauvais moments pendant le néfaste séjour de Varna. Je n'en parle plus aujourd'hui que tout est fini, afin de ne pas donner d'inquiétude. Mais pendant que j'écrivais mes deux dernières, il mourait par jour 2 ou 300 hommes. Quand le choléra eut fini ses ravages, récapitulation faite, il est mort 15 hommes sur cent!!! Pour comble de malheur, un incendie dans Varna brûla justement le quartier composé de magasins tant français qu'anglais. Peut-être sait-on à quoi attribuer cet accident, quant à moi, je l'ignore. Je crois que tout cela a causé du retard à l'expédition projetée dont je vais te parler.

Le 21 août, à huit heures du soir, nous recevons l'ordre de quitter Varna et le 22, à quatre heures du matin, je recevais une lettre de ma sœur, en ce moment à Norwich (Angleterre). Ce départ précipité ne me donne pas le temps de la lire; le lendemain seulement à huit lieues de cet affreux Varna, je rencontre un officier anglais auquel je m'adresse et qui parlait fort heureusement le français. Au moment où je lui parle de Norwich (précisément son pays natal) il me serre la main d'une telle force qu'il ne s'aperçoit pas que je tenais une cigarette toute allumée et qu'il me brûlait deux doigts. Il m'a dit après qu'il prenait ma détresse et mes cris pour de la sympathie; bien loin de lui en vouloir, quand la douleur fut passée nous en rîmes, acceptant ma brûlure comme souvenir de Norwich. Je ferai voir, en 1855, ce souvenir là à l'index et au majeur de la main gauche. Depuis lors, par précaution, j'ai acheté un porte-cigarette d'une longueur confortable.

Toute la cavalerie française est à Aïdos depuis le 2 septembre. Le

1ᵉʳ chasseurs d'Afrique, moins un escadron sur quatre, qui a été embarqué depuis quinze jours, escortant le maréchal Saint-Arnaud en Crimée, mon régiment seul, dis-je, est à Bourgas devant embarquer le 1ᵉʳ pour Sébastopol !!!

Le maréchal Saint-Arnaud accompagné de 50,000 hommes des armées alliées, a dû quitter Varna vers la fin d'août pour opérer le débarquement en Crimée.

Nous attendons avec impatience que l'infanterie soit campée, la flotte devant venir nous chercher pour assister à ce siège qui, probablement, coûtera du monde, mais aussi qui coûtera plus cher aux Russes. Le débarquement doit avoir eu lieu déjà. On ne peut se figurer dans quelle impatience nous sommes. Toutes les fois que nous apercevons un bâtiment, si petit qu'il soit, nous courons tous demander ce que l'on fait à Sébastopol, mais toujours rien de nouveau nous est-il répondu.

Lettre de Bourgas, 9 Septembre 1854.

Mon cher Frère,

Nous avons quitté Aïdos le 3 septembre et arrivâmes à Bourgas le même jour. Bivouaqués comme d'habitude sous la tente et les chevaux à la corde, nous ne nous plaignions pas de l'emplacement. Il est vrai de dire que le régiment seul, occupant Bourgas, nous avions le choix du terrain et le manque d'eau de cette localité ne permettant pas à plus d'un régiment de cavalerie de s'y installer.

Bourgas, petit port de la Mer Noire, situé au fond d'un golfe, à distance à peu près égale de Varna à Constantinople, est une petite ville fort agréable à habiter. J'entends à habiter en Turquie ! Elle peut contenir six à sept mille habitants. Comme toutes les villes de Turquie, Bourgas est malpropre et non éclairée la nuit, puis, comme dans tout le reste de l'empire, ce sont les chiens plus ou moins galeux qui tiennent le haut du pavé. La ville, néanmoins, est assez gaie, il y a plus de Grecs que de Turcs ; beaucoup de jardins. Il y a du vin et de quoi s'approvisionner à bon marché ; c'est le point essentiel. En un mot, nous sommes bien logés, bien nourris, service très agréable et pas fatigant. Que peut-on désirer de mieux quand on revient de Varna ? Les chœurs recommencent tous les soirs, il fait un temps superbe; personne malade, tout le monde est content et moi aussi. J'ai des raisons pour l'être. Je suis proposé pour sous-lieutenant avec le nº 5 sur 8. Je viens de passer mes examens et je m'en suis bien tiré.

Depuis notre départ de Varna, nous n'avons reçu aucun courrier. Nous sommes à nous demander : que sont devenues l'armée française et les autres ?

Autorisés à monter nos chevaux pour nous promener isolément, j'en profite assez souvent pour explorer les environs. La culture, la vigne, rien ne manque, excepté le blé de Turquie tant vanté dans l'histoire.

A la fin de mes promenades, je ne manquais jamais de me rapprocher du port, pour avoir des nouvelles.

Un jour, enfin, j'aperçois la fumée d'un vapeur venant de la Crimée. On peut juger de l'impatience de lui voir jeter l'ancre. Je prends un bateau et à portée de voix du courrier, voici ce que j'apprends par un matelot : Victoire complète sur les Russes après le débarquement. Ils sont en retraite sur tous les points et les armées alliées investissent Sébastopol. Le maréchal Saint-Arnaud a été sublime. Il a beaucoup regretté ne pas avoir ses chasseurs d'Afrique (et ce n'est pas de notre faute). Atteint d'une maladie qui le ronge depuis longtemps, le maréchal a laissé son commandement au général Canrobert et s'est embarqué sur le Berthollet dans un état de santé qui laisse peu d'espoir. Des transports, en nombre considérable, sont en mouvement, et nous pouvons nous attendre à partir très prochainement ! Je n'en demandais pas davantage ; je descends à terre, je monte à cheval et à toute vitesse je traverse Bourgas, espérant arriver à temps pour être le premier à annoncer ces bonnes nouvelles au bivouac.

Ici survient un incident qu'il est bon de signaler. Il faut vous dire que mon cheval n'a jamais pu s'habituer à voir un attelage de buffles sans faire demi-tour sur les jarrets, et en Turquie on ne voit que cela. Or, pendant que mon esprit voyage sur St-Pétersbourg, je ne fais pas attention à ces affreuses sales bêtes, et surpris par un brusque écart de mon gredin de Landsmann, me voilà déposé dans une mare, une vraie soupe au chocolat !!! Complètement désillusionné sur mes idées belliqueuses de tout à l'heure, je me tâte partout, et je ne me reconnais ni mal ni douleur ; mais j'étais d'un propre !!! J'enlève de mon mieux le plus gros avec mon mouchoir. Mais, je n'en suis pas pas moins l'objet d'un hourra général, en arrivant malheureusement au moment du déjeuner, heure à laquelle personne ne manque.

Le 10 septembre 1854, à dix heures du matin, je reçois une lettre de mon frère, datée de Lille du 20 août. Il craint le choléra de Varna. Il me dit que je n'écris pas assez. Je lui écris toujours cependant, mais je reçois moins de lettres de Lille que d'Angleterre.

—17 septembre, midi. Quel dévouement que celui des sœurs de charité venues à Varna soigner les malades !!! Toujours rien de nouveau de Sébastopol.

— 25 septembre, quatre heures du soir. Vivent la France et l'Angleterre ! Nous recevons une lettre du maréchal qui nous annonce que l'armée française a remporté une victoire sur les Russes. Six mille Russes tués ou prisonniers, deux mille Français tués ou blessés.

Il ajoute qu'avec les deux régiments de chasseurs d'Afrique, des vingt-cinq mille Russes sortis du fort Constantin, pas un n'y serait rentré !!! Il est arrivé dernièrement des nominations, mais rien encore pour moi.

Tant mieux, nous nous embarquons demain et c'est à Sébastopol que je vais chercher cette fameuse épaulette.

La frégate sur laquelle j'embarque s'appelle la Mogador. Le fort Constantin est probablement pris maintenant.

Bourgas, 10 Septembre 1854.

Maintenant que le mal est passé, songeons aux victimes de cette affreuse épidémie. Il mourait à Varna 2 ou 300 hommes par jour. Le résultat de ce désastre, récapitulation faite, il est mort dans les armées française, anglaise, turque, quinze hommes sur cent !!!

Je ne me serais jamais figuré ce découragement parmi ces 80,000 hommes campés dans la ville ; aux bivouacs, sur les routes, cadavres gisant partout ! M. Barre a été malade et est parfaitement remis. M. Ladureau est parti pour France bien malade. M. Devèze est aussi parti pour France dans le même cas. Quant à moi, heureusement j'ai eu de la chance d'avoir des boutons de veste de rechange, mon embonpoint m'en faisait perdre tous les jours. Un incendie qui dura huit jours et brûla tous les magasins français et anglais vint mettre le comble à tous ces malheurs.

Le 21 août, les 1ᵉʳ et 4ᵉ chasseurs d'Afrique, 1ᵉʳ hussards, 6ᵉ dragons, 6ᵉ cuirassiers reçurent l'ordre de départ pour Aïdos. Nous pensions nous diriger sur Andrinople pour l'hiver. Pas du tout. Le maréchal s'est embarqué à Varna escorté du 1ᵉʳ escadron de mon régiment et accompagné de 60,000 hommes des armées alliées, tous sur la flotte se dirigeant sur ce que nous appelons Sépatrotôt.

Ce n'était pas trop tôt tout de même, les armées s'ennuyaient fort. Arrivés à Aïdos le 27 août, nous apprîmes ce mouvement-là le 3 septembre seulement. Les trois escadrons du régiment devant embarquer les premiers, nous sommes partis d'Aïdos pour Bourgas. Le peu d'eau douce de cette ville a obligé le général à laisser la cavalerie à Aïdos, à sept lieues de Bourgas, faisant venir successivement un régiment lorsque celui qui le précède sera embarqué.

10 septembre. Nous sommes d'une impatience sans égale. Campés sur le bord de la Mer Noire, chaque fois qu'il arrive un bateau quel qu'il soit, nous demandons des renseignements sur le débarquement de l'infanterie. Rien de nouveau. Ah! une lettre de Lille. On me dit que je suis en retard. Bravo! les îles d'Aland sont enlevées; il est temps que nous prenions Sébastopol si nous ne voulons pas passer pour des endormis. On me demande, prendra-t-on? L'ordre est donné de prendre, on prendra, et nous reviendrons avec des Criméennes sur les vaisseaux russes illuminés de toutes les couleurs.

(17 septembre 1854, midi). Rien de nouveau de Sébastopol.

(25 septembre, 4 heures) :

Vive la France! Prise de Sébastopol, les Russes ont eu 6,000 hommes tués ou prisonniers. Les Français 2,000 tués ou blessés. Le maréchal nous fait dire qu'avec les 2 régiments de chasseurs d'Afrique, il remportait la victoire, et mettait la main sur 25,000 Russes! Aussi nous embarquons demain 26; mais, cette fois sur des frégates à vapeur.

Il est arrivé au régiment 5 promotions. Rien pour moi, pas même adjudant! C'est en Crimée que je veux avoir mon épaulette, alors je n'aurai d'obligation et de remerciements qu'à Dieu et à Nicolas !!!

La bataille aurait eu lieu le 21. Il y aurait un général blessé. On ne sait lequel. Le maréchal dit dans sa lettre que le fort Constantin sera pris le 24 septembre. Nos blessés ont été dirigés sur Constantinople, sur un vapeur turc qui nous embarque demain.

Il est plus que probable néanmoins que nous n'allons pas tarder à faire la guerre. Afin de ne pas être pris à l'improviste, moi et les autres, écrivons chacun chez nous pour informer les parents de ce qui se passe. Il était temps. Une grosse frégate turque entre dans le port aujourd'hui 28 septembre. Cette grosse frégate (Le Mitidjidié), accompagnée d'une autre, dont je ne me rappelle plus le nom, ont mission de nous enlever , hommes et bêtes , pour nous descendre à Sébastopol ou dans les environs ! Nous sommes prêts et on ne peut mieux disposés à obéir.

N'ayant pas le droit de choisir, Landsmann et moi nous prenons place à bord du Mitdjidié (3° Escadron complet et la moitié du 2°, c'est-à-dire environ 200 chevaux et 220 hommes).

Nous ne quittons pas Bourgas avec le même plaisir que Varna, jamais pour mon compte, si un jour, je suis en mesure de faire un voyage d'agrément, voilà une partie de la Turquie d'Europe qui ne sera pas comprise dans mon itinéraire.

(8° traversée). — Me voici en pays de connaissance ; c'est-à-dire , l'équipage au complet est composé de musulmans. Ceci me rappelle ma traversée de Tunis à Alger en 1846 ; après laquelle traversée de quinze jours , j'ai mis près de trois mois pour arriver à me débarrasser de la vermine qu'ils m'avaient léguée ! Grandes difficultés d'abord, pour faire la cuisine.

Tout le monde sait ou doit savoir que les Mahométans et les juifs ont une horreur traditionnelle des plus prononcée pour la viande de porc , et comme nous faisions notre cuisine à bord , voilà à l'aspect du lard salé, un refus formel des Osmaulis de nous prêter leurs marmites.

Grand tumulte à bord du Mitidjidié , mais , comme il est d'usage , voir même dans des pays civilisés, que toujours le plus fort fait la loi , nous nous emparâmes des marmites que ces Messieurs jetèrent à la mer aussitôt notre débarquement opéré.

Rien d'extraordinaire dans cette traversée en pleine Mer Noire , si ce n'est un coup d'œil à droite sur Sinope , et à gauche sur Varna , de lamentable mémoire !

La Mer Noire, si redoutée des matelots, fut on ne peut plus calme pendant ces trois jours. C'est dans l'après-midi du 2 octobre que nous aperçûmes la terre de Crimée.

Arrivée en Crimée. — Quel coup d'œil ! Les flottes française et anglaise , composées d'une quantité innombrable de gros et petits vaisseaux , formant le demi-cercle, à distance de portée de canon de l'entrée du port de Sébastopol. Là deux forts à 5 ou 6 étages de canons, placés pour ainsi dire en sentinelles pour empêcher de passer. En outre, on aperçoit très distinctement une barrière artificielle, c'est-à-dire l'extrémité de mâts, appartenant à des vaisseaux russes, coulés sur une ligne droite, du fort Saint-Nicolas au fort Constantin.

La ville de Sébastopol se trouve au fond d'un long canal, qui fait le coude ; il est donc impossible de la voir.

Nous débarquons le 3 octobre à Kamiesch, qui est un petit port à environ 2 ou 3 lieues de Sébastopol.

C'est là que commence le débarquement des troupes françaises.

Hélas ! Combien d'enthousiastes comme moi, sont venus ici prendre leur dernier domicile ; mais ceci n'entre pas dans mon récit.

A peine débarqués, nous allons à la recherche de nouvelles. Le Maréchal Saint-Arnaud est mort dans la traversée de Sébastopol à Constantinople. Il avait battu complètement les Russes à l'Alma le 20 septembre, et a déclaré qu'il prenait Sébastopol sans coup férir, s'il eût eu ses chasseurs d'Afrique. Ce n'est pas de notre faute, car nous ne demandions pas mieux. Le général Canrobert a succédé au commandement du maréchal ; on dit que ça ne fait pas plaisir au général Forey. Moi, ça m'est égal, puisqu'on assure que Canrobert a dit qu'on prendrait Sébastopol dans quinze jours !

Tout le monde est content de la victoire de l'Alma. Sébastopol va être enlevé, et nous irons très facilement à Saint-Pétersbourg. Les Russes ne savent pas se battre, etc.

En attendant, nous débarquons nos chevaux et nous quittons le Mitidjidié, sans regretter aucunement la Société de MM. les Turcs. Il est vrai de dire qu'ils n'ont pas manifesté le désir de nous revoir non plus.

Nous passons la journée bivouaqués sur le bord de la mer.

Le lendemain, nous allons nous joindre au 1er escadron (de l'Alma), et tout le régiment fut aligné et installé près de l'Etat-Major général, sur un plateau, duquel on peut voir la mer, les flottes, mais absolument rien de la ville. Je dois dire qu'en quittant Kamiesch, on nous permit de mettre pied à terre pour cueillir du raisin dans un champ de vigne de la plus belle venue. 2 jours après, en passant au même endroit, je n'ai plus vu trace de ce vignoble. Les impitoyables chapardeurs n'y avaient pas laissé le moindre soupçon de pied de vigne !

Tous les moments de mon trop court séjour en Crimée ont tellement d'importance pour moi, et sont si bien restés gravés dans ma mémoire, que c'est avec un certain plaisir que je me plais à relater ces petites particularités.

Le dernier détachement du 1er chasseurs d'Afrique, commandé par le colonel De Ferrabouc, vint s'installer au bivouac le 5 octobre. A peine les derniers chevaux sont-ils attachés à la corde, qu'un roulement général annonce une prise d'armes, comme qui dirait un branle-bas de combat sur toute la ligne. A l'instant même, infanterie, cavalerie, artillerie, tout est prêt pour l'attaque ou la défense. Je suis aux premières loges, j'escorte l'étendard du régiment !

En effet, MM. les Russes étaient sortis en force pour nous visiter ; mais, soit que notre déploiement, rapidement exécuté, leur donne à comprendre que nous étions prêts à les recevoir, soit qu'ils voulussent simuler une sortie ; toujours est-il que pas un seul coup de canon ne fut échangé. Une heure après cette alerte, tout le monde avait repris son campement.

Le régiment profita de cette prise d'armes pour reconnaître notre chef d'escadron Du Preuil, nouvellement promu. On attend les événements, et on fait ses fourrages où il en reste dans les environs, puis nous entrons dans Balaklava, déjà occupé par les Anglais.

Ce port est curieux à visiter. Des vaisseaux de haut bord ont leurs quilles qui arrivent jusqu'au dessus de la plage, et des rochers d'une hauteur prodigieuse nous empêchent de voir la mer. C'est à peine si on peut distinguer le chenal qui y conduit. Et les soldats, et les matériaux arrivent à terre jour et nuit ! J'aperçois une jolie petite église grecque, avec une collection de cloches. J'attache mon cheval à la grille qui l'entoure, et j'entre dans le sanctuaire. Tout le matériel a été respecté (ça m'étonne des Anglais). Un gros livre est sur un pupitre, et un gros cierge est toujours allumé.

Comme dans toutes les églises grecques, la plupart des tableaux et images représentent l'archange Saint-Michel terrassant Satan. Enchanté de voir ces vilains diables lardés et terrassés par ce Saint guerrier, je me prépare à m'en aller, et, selon l'habitude de tout bon chrétien, je cherche le bénitier, (sans songer qu'ils n'en ont pas), lorsqu'une bonne vieille femme se place devant moi, venant de la sacristie, et me dit en très bon français : « bonjour, Monsieur le Militaire. » Jugez de ma surprise ! De suite, la conversation s'engage. Elle était domestique d'un français à Saint-Pétersbourg. A la mort de son maître, elle passa au service d'un curé ou pope. Ce pope fut désigné pour desservir l'église de Balaklava.

A l'arrivée des Français, il prit son bréviaire et le train sur Sébastopol, abandonnant la domestique, l'église, les archanges et tous les diables, malgré les recommandations de la bonne femme, qui lui assurait qu'il serait respecté par les alliés, et principalement par les Français.

La conversation aurait pu durer encore bien longtemps, mais mon escadron avait fini son fourrage, il fallait que je le rejoigne. Je promis à la vieille de revenir, d'aller la revoir, et je m'empressai d'aller voir dans les maisons abandonnées s'il n'y avait rien à ma convenance.

On voit partout qu'on a déménagé à la hâte. Les lits sont au complet, moins les draps. On trouve des papiers en écriture russe, et pas mal en français. Des cahiers à jambages et à premières leçons de français, un costume complet de pompier! Pianos, objets de toilette, etc. Je me contente d'un petit matelas, une petite glace bien encadrée, quelques alphabets russes, une correspondance complète en français, entre un restaurateur de Sébastopol et un pêcheur de cette ville de Balaklava. Je retourne au bivouac avec ma razzia, comme un glorieux conquérant, et avec la certitude de reposer mon individu sur une couche beaucoup moins dure que le sol russe.

Je suis débarqué à 5 kilomètres sud de Sébastopol, et depuis ce jour-là, bombes, obus, boulets russes ne cessent de gronder jour et nuit, mais maladroitement. Je suis débarqué le 3 courant; depuis nous sommes campés à 2 kilomètres de la ville et à 100 mètres de la maison qu'occupe Lord Ragland.

D'après les rapports des armées alliées, la ville sera enlevée dans dix jours au plus tard!

Le 20 septembre, l'Alma a été remportée sur les Russes. Les Français et Anglais se sont battus comme des lions. Les Turcs n'ont pas dormi. Les Ecossais sont ceux qui ont eu le plus de tués; je l'avais prévu, les Anglais se battent bien, mais ils enlèvent les positions trop lentement et trop bien unis. Tandis que les zouaves au pas de course n'ont pas donné le temps à l'ennemi de recharger ses canons.

Le maréchal Saint-Arnaud était au désespoir de n'avoir pas ses chasseurs d'Afrique. Il tomba malade le lendemain de la bataille, embarqua le 28 à bord du *Bertholet*, et mourut le 29 octobre pendant la traversée. C'est une grande perte pour la France. Il est heureusement bien remplacé par le général Canrobert, ancien colonel des zouaves. Quoique blessé à la bataille d'Alma, il se promena toute la journée dans une voiture prise au prince Menschikoff. Le général Thomas est mort de sa blessure.

Depuis, notre arrivée, nous fournissions 30 cavaliers en vedette pendant 2 jours, à tour de rôle, pour protéger les tranchées. Le 7, je faisais partie de ce peloton, c'était l'anniversaire de ma naissance (33 ans), et comme les boulets et les balles me sifflaient de près, je me disais : est-ce que par hasard je devrais mourir à 33 ans juste. Ce serait une mort glorieuse, il est vrai, mais j'aime mieux vivre pour la patrie, et pouvoir lui être utile pendant 80 ans au moins, que de mourir pour elle à 33 ans !!! Pendant que je faisais cette réflexion, j'entends et vois de loin venir à moi un cavalier, j'arme mon pistolet, mais que vois-je ! Qu'entends-je ! un de mes camarades qui me saute au cou, m'embrasse et m'annonce de la part du colonel de mon régiment que, par décret du 15 septembre, je suis nommé sous-lieutenant au 1ᵉʳ chasseurs d'Afrique !!!

J'étais fou ; je crois que j'aurais embrassé un Cosaque ! Après 13 ans d'attente, apprendre cette nouvelle-là à cent pas d'un point qui préoccupe les quatre parties du monde.

Je suis nommé dans un escadron resté à Mustapha et il peut se faire que l'on m'envoie à Alger dans quelques jours ; je voudrais cependant être témoin de la prise de Sébastopol, mais à la rigueur, je suis sûr d'être à Lille au mois de juin prochain, après avoir pris les eaux pour me rajeunir.

Devant Sébastopol, 12 octobre 1854.

Mon cher Frère,

Débarqué le 3 octobre, à 5 kilomètres sud de Sébastopol, on tirait le canon russe jour et nuit, et depuis cela n'a pas cessé ; mais s'ils ont tiré 20,000 coups de canon ou d'obusier, etc., il n'y a pas eu 15 hommes hors de combat, ils sont d'une maladresse sans égale. J'étais le 7 courant de service à la tranchée pour surveiller les vedettes à 100 pas de la ville, le pistolet au poing, lorsqu'un de mes camarades vient m'annoncer que par décret du 15 septembre, je suis nommé sous-lieutenant au régiment, mais dans un escadron d'Alger, ceux-ci étant au complet.

J'étais ivre de joie, pour un rien, et sans m'en douter, je serais allé dans un hôtel de Sébastopol payer un dîner au champagne à celui qui m'apporta cette nouvelle. Je n'ai plus le temps de t'écrire. Les journaux ont dû t'apprendre les nouvelles d'ici. Les tranchées sont presque finies, on doit commencer l'attaque le 14 sur 4 points à la fois. Les anglais sont prêts et nous attendent. Le général Canrobert, blessé à la bataille d'Alma, commandant en chef depuis la mort du brave maréchal Saint-Arnaud, et ne pouvant plus monter à cheval, se promène dans une calèche à Menschikoff et recommande aux artilleurs de respecter les casernes, les hôtels et les cafés. Il prétend que la ville sera enlevée en moins de 24 heures. Je le crois, ayant vu les choses de près, notre formidable matériel d'attaque, leur maladresse, etc. La panique est en ville, il arrive des transfuges à chaque instant.

Je crains que l'on me fasse partir pour Alger, avant la prise. Dans tous les cas, annonce cette bonne nouvelle à tout le monde et ne réponds pas à cette lettre que je ne t'en aie envoyé une autre.

Je vais prendre les eaux au printemps prochain et je passerai l'été à Lille.

Mes désirs sont accomplis, nommé sous-lieutenant devant Sébastopol !

A bientôt.

Tout à toi,

H. B.

En vue des (Bouches-de-Bonifacio). A bord de l'Egyptus, le 24 octobre 1854.

Mon cher Ami,

Ce que je croyais est arrivé. Malgré la demande du colonel, le général Canrobert m'a fait embarquer le 13 à bord du Cafarelli, pour rejoindre mon escadron à Mustapha, vu le grand nombre d'officiers sans emploi à Sébastopol. Nous arrivâmes à Constantinople le 15, je n'ai pu rester qu'une heure à terre, et j'embarquai à 5 heures du soir sur l'*Egyptus*, bateau à vapeur des Messageries impériales, qui me mène à Marseille, où je dois arriver demain soir. Je ne fermerai ma lettre que lorsque je saurai si je puis me rendre à Alger par le courrier du 25 de Marseille. Si une permission eut été facile à obtenir, je poussais une pointe jusqu'à Lille, car maintenant à 4 ou 500 lieues plus ou moins, je n'y fais plus attention, mais pas moyen. Je ne te parle pas de ma santé en traversée, tu dois comprendre qu'après l'avoir faite une fois sur ce petit et malpropre bateau italien, combien je suis heureux, après six mois de privations, d'être traité comme à l'hôtel et être appelé M. *le lieutenant !!!*

Il m'est impossible de te dire tout ce que j'ai vu de beau, de curieux, d'admirable en si peu de temps. En commençant par le Bosphore, puis Smyrne où nous arrivâmes le 17 et restâmes 8 heures, puis à Malte, 10 heures du soir. Ce bâteau balance de manière à m'empêcher d'écrire.

Je me réserve tous les détails pour l'été prochain. Si tu savais comme je suis heureux. Je me demande depuis le 7 si j'ai mérité ce bonheur-là. Je n'en ai pas dormi depuis.

Je suis étonné que la France n'inflige pas de punitions exemplaires à ceux qui font courir dans les journaux, que j'ai lus, les bruits absurdes de prise de Sébastopol.

L'attaque ne devait commencer que le 14 ou 15 octobre au plus tard. C'est à peine si les armées en marchant très vite eussent pu être arrivées jusque-là !

Le général Canrobert, le génie français et anglais étaient le 12 dans le plus grand étonnement d'avoir aussitôt fini les préparatifs du siège ; or, on tire le canon et on illumine la France et l'Angleterre pour la prise faite le 28 juillet !!! C'est inouï ! on confond Sébastopol avec la *Nouvelle-Aventure* ou la *Funquée*.

Au moment de me rembarquer à Chersonèse où j'étais débarqué le 3, je fus tout étonné d'y trouver ce brave M. Barre, qui m'embrassa de bien bon cœur, après avoir signé ma feuille de route et m'avoir fait faire avec lui mon dernier déjeuner en Crimée.

J'appris aussi par un sergent du génie que Chrétien était bien portant et faisait partie de la colonne d'observation. Je lui fis donner le bonjour, n'ayant pas le temps d'aller le voir. Je regrette aussi ne pas être allé voir M. le docteur Scrive qui fait partie de l'état-major général. Cornet est nommé sous-lieutenant au 4ᵉ chasseurs, mais reste en Crimée.

C'est un plaisir de voyager ainsi ; débarqué ce matin 25 octobre à 7 heures à Marseille, j'embarque à midi pour Alger où je dois arriver le 27.

Au revoir, mon cher Frère, attends-moi au printemps. Quel plaisir on éprouve de revoir la France.

Tout à toi d'amitié,

H. B.

Marseille, 25 octobre, 10 heures 1/2. J'embarque à bord de l'*Alexandre*.

P. S. Mon adresse :

Sous-lieutenant au 1ᵉʳ chasseurs d'Afrique (Mustapha) (Algérie).

Alger, 5 *novembre* 1854.

Le bonheur, le plaisir que j'éprouve de ma nomination se compli-
quent et augmentent de jour en jour. Arrivé à Alger le 27 octobre,
j'y ai presque fait événement, mes amis, mes supérieurs et beaucoup de
personnes que je ne connaissais même pas, se disputaient le droit et
l'honneur de me féliciter et m'embrasser le premier. Comme cette
épaulette me dédommage de treize ans d'attente !

Lorsque je te disais qu'un homonyme était porté pour sous-lieutenant,
je voulais te tromper ; car dans le cas où j'eusse été nommé dans
un régiment de France, je me proposais de tomber à Lille le lendemain d'une lettre dans laquelle je t'annonçai une maladie quelconque.
— A la bonne heure, la correspondance marche ici !

Je viens de recevoir tout à l'heure (1er novembre, 2 heures du soir),
ta lettre du 27. Tu exagères un peu ma négligence. J'ai écrit de Varna
à la date du 8 août, j'ai commencé une autre lettre le 8 septembre, et
à ma place, sur le point d'embarquer à chaque instant, tu ne l'aurais
pas fermée avant le départ.

Voici le résumé de mes ITINÉRAIRES en cette année 1854 :

D'Alger, parti le 26 janvier 1854	Je suis arrivé	à Laghouat le 13 février.
De Laghouat, parti le 16 février	»	à Blidah le 26 février.
D'Alger, le 19 avril	»	à Gallipoli le 8 mai.
De Gallipoli, le 6 juin..............	»	à Andrinople le 13 juin.
D'Andrinople, le 24 juin............	»	à Aïdos le 29 juin.
D'Aïdos, le 1er juillet..............	»	à Varna le 4 juillet.
De Varna, le 22 août...............	»	à Pirnée le 26 août.
De Pirnée, le 27 août...............	»	à Aïdos le 27 août.
D'Aïdos, le 3 septembre	»	à Bourgas le 3 septembre.
De Bourgas, 28 septembre	»	à Sébastopol le 3 oct., tranchées 7 et 8.
De Sébastopol, le 13 octobre	»	à Constantinople le 15 octobre.
De Constantinople, le 15 octobre.......	»	à Gallipoli le 16 octobre.
De Gallipoli, le 16 octobre	»	à Smyrne le 17 octobre.
De Smyrne, le 17 octobre	»	à Syra le 18 octobre.
De Syra, le 18 octobre	»	à Malte le 21 octobre.
De Malte, le 21 octobre..............	»	à Marseille le 24 octobre,11 heures
De Marseille, le 25 octobre	»	à Alger le 27 octobre 1854.

Memento. — L'étranger à Constantinople ignorant le Turc et désirant
demander un renseignement quelconque, devra autant que possible
s'adresser à un chrétien.

Contrairement aux usages européens, le Turc n'aime point que l'on

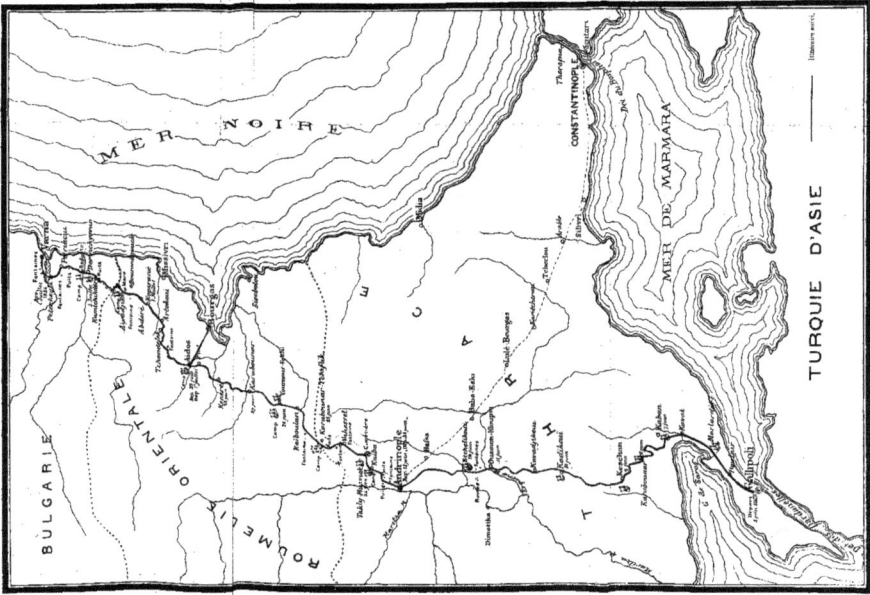

A CHEVAL
A TRAVERS LA TURQUIE
EN 1884.

MER NOIRE

BULGARIE

ROUMÉLIE ORIENTALE

THRACE

CONSTANTINOPLE

MER DE MARMARA

TURQUIE D'ASIE

Gallipoli

Itinéraire suivi.

A. Bocham D?

D'après le Croquis
et les Notes
de M. le Capitaine Cte BALLOREN.

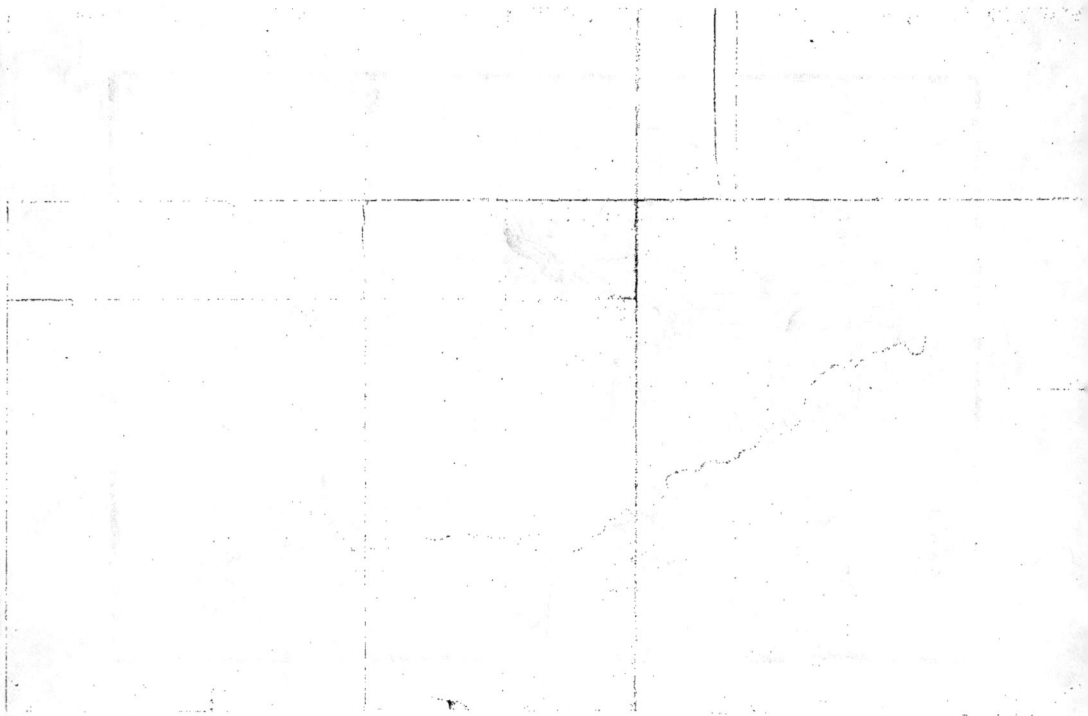

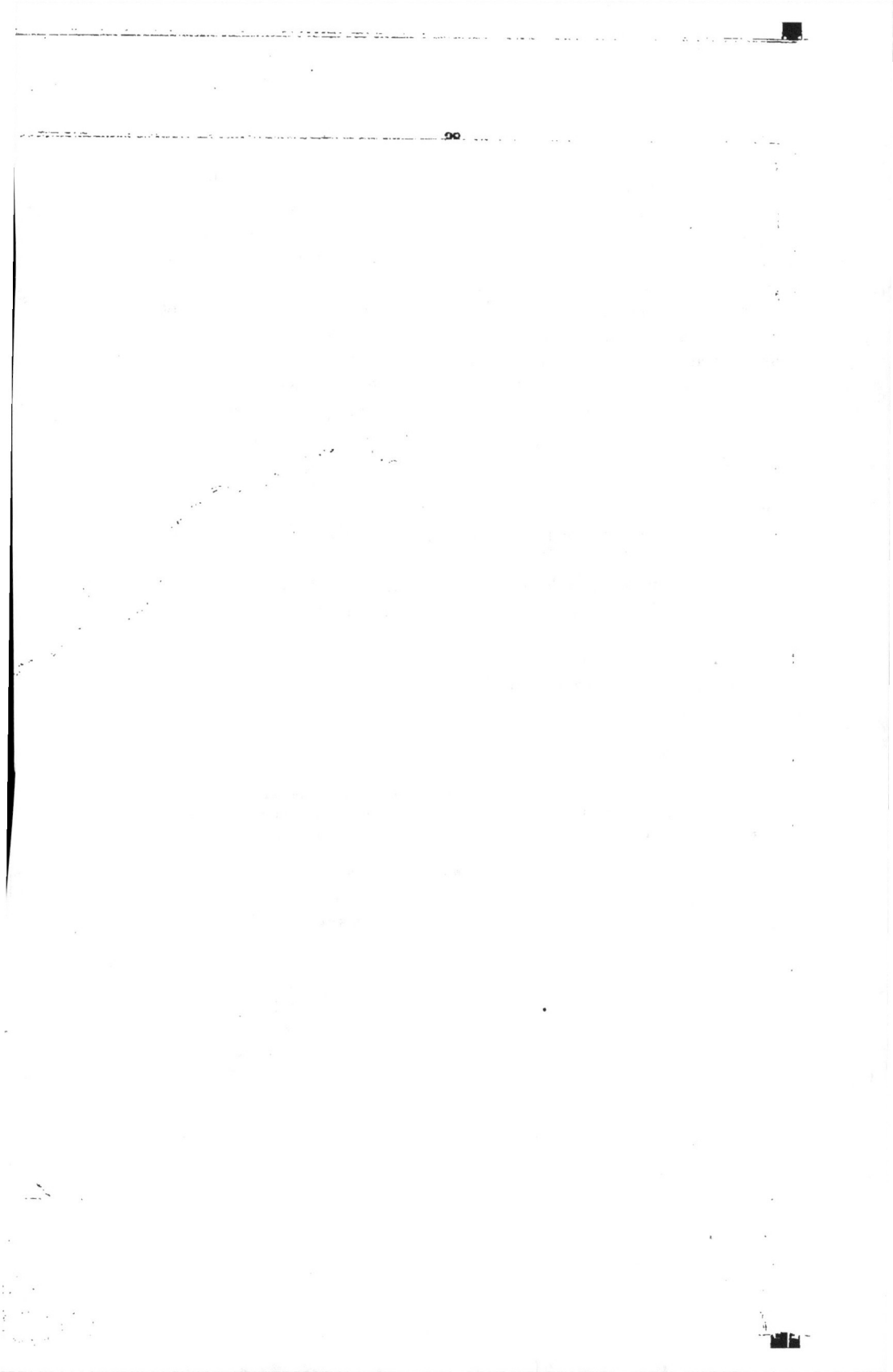

allume son cigare au feu de sa pipe ; c'est pour lui une injure dont le caractère pourrait se traduire par une expression à la Molière.

En Turquie, surtout pendant le temps du Ramazan, il arrive quelquefois qu'un Turc, qui, dans la journée, n'a pas fumé sa pipe, ou pris son café, se laisse aller envers vous à des outrages ou à des voies de fait ; or, le soir, lorsqu'il lui a été permis de satisfaire à ses besoins et à ses habitudes, et que vous lui reprochez ce qu'il a fait, il vous répondra : « Mais, mon cher, vous ne savez donc pas que j'étais tériakli (1) »; argot suprême, qui l'excuse et le ferait absoudre en justice.

Lorsqu'on passe devant le palais du Sultan ou que l'on rencontre M. il est interdit, même pendant la plus grande averse, de garder son parapluie ouvert.

Le salut en Turquie, consiste à placer la main droite sur le cœur, puis sur la tête.

On ne demande jamais à un Turc comment se porte sa femme ou sa fille.

Il ne faut pas se formaliser des R......... qu'un Turc peut laisser échapper à table, ses usages les lui permettent, mais ils lui interdisent toute autre chose.

La religion Mahométane prohibant l'usage des boissons, on ne rencontre point de Turcs en état d'ivresse et pendant le Ramazan, le Musulman qui enfreindrait cette loi est rigoureusement puni.

---

(1) Le mot Tériakli exprime un état de mauvaise humeur ou de surexcitation tel, que, dans les mœurs turques, on ne comprend pas qu'un homme dans cet état, puisse être réprimandé comme pour un acte ou une action blâmable.

Pour Extrait et Rédaction des Notes de Voyage
de M. le capitaine Bailloeuil :

Alex. EECKMAN,
Secrétaire-Général

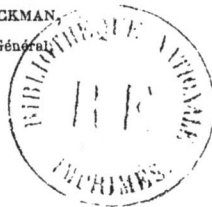

Lille Imp. L. Danel.

www.ingramcontent.com/pod-product-compliance
Lightning Source LLC
Chambersburg PA
CBHW060746280326
41934CB00010B/2371